CATALOGUE
DE LIVRES

SUR

L'ORFÉVRERIE, LA BIJOUTERIE,

L'ARCHITECTURE, A FIGURES, SUR LES ARTS

ET

LIVRES ORIENTAUX

1re partie de la Bibliothèque de

M. K., de Neuchâtel (Suisse),

Dont la vente aura lieu le 25 Février, à 7 heures du soir,

RUE DES BONS-ENFANTS, 28, MAISON SYLVESTRE,

Par le ministère de Me **FOURNEL**, Commissaire-Priseur, rue de l'Échiquier, 40.

PARIS,
BAILLIEU, LIBRAIRE,
QUAI DES GRANDS-AUGUSTINS, 43.
1862.

CONDITIONS DE LA VENTE.

Les Adjudicataires payeront, en sus du prix des adjudications, cinq centimes par franc applicables aux frais.

Les Livres vendus devront être collationnés sur place dans les vingt-quatre heures. Passé ce délai, ou une fois sortis de la salle de vente, ils ne seront repris pour aucune cause.

Les articles au-dessous de 12 fr. ne seront admis à rapport que dans le cas où ils seraient incomplets par l'enlèvement de feuillet ou portion de feuillet emportant du texte. Ils ne seront pas repris pour taches, mouillures, déchirures, piqûres et autres défectuosités.

M. BAILLIEU, chargé de la vente, remplira les commissions des personnes qui ne pourraient y assister.

ORDRE DE LA VACATION :

Du Numéro 1 à la fin.

CATALOGUE.

1. Rudimenta linguæ arabicæ cum catechesi christiana. Romæ, 1732, in-4 br.

2. Thomæ Erpenii. Grammatica arabica, accedunt Locmani sapientis fabulæ et selectæ quædam arabum sententiæ. Romæ, 1829, in 8 br.

3. Rudimenta linguæ coptæ sive ægyptiacæ ad usum collegii Urbani de propaganda fide. Romæ, 1778, 1 gros vol. in-4 br.

4. Alphabetum armenum cum Oratione Dominicali, salutatione angelica, etc. Romæ, 1784, in-8 br.

5. Grammatica latina armenice explicata a Joanne Agop sacerdote armeno Constantinopolitano. Romæ, 1675, 1 vol. in-4 br.

6. Bible en armenien. Londres, 1825, 1 volume in-8 veau.

7. Pvritas linguæ armenicæ, a Joanne Agop sacerdote armeno composita. Romæ, 1674, 1 volume in-4 br.

8. Pvritas haygica sev grammatica armenica a Joanne Agop armeno composita. Romæ, 1675, 1 volume in-4 br.

9. Alphabetum Grandonico-Malabaricum sive samscrudonicum. Romæ, 1772, 1 vol. in-8 br.

10. Sidharubam seu Grammatica samscrdamica cui accedit dissertatio historico critica in linguam

samscrdamica vulgo samscret dictam. Auctore fr. Paulino a S. Bartholomæo. Romæ, 1790, 1 vol. in-4 br.

11. Vyacarana seu locupletissima samscrdamicæ linguæ institutio in usum fidei præconum in India orientali, et virorum litteratorum in Europa adornata a P. Paulino a S. Bartholomæo. Romæ, 1804, 1 vol. in-4 br.

12. Primi principi della gramatica turca ad uso dei missionari apostolici di Constantinopoli, composti da Cosimo comidas de Carbognano. Roma, 1794, 1 gros vol. in-4 br.

13. DICTIONARIUM TURCICO LATINUM. Manuscrit sur papier oriental parfaitement écrit, ayant appartenu à Stanislas Girardin. 1 vol. grand in-4 veau avec armoiries.

14. Alphabetum Barmanum seu Bomanum regni Avæ finitimarumque regionum. Romæ, 1776, 1 v. in-8 br.

15. Alphabetum Barmanorum seu regni Avensis. Romæ, 1787, in-8 br.

16. Alphabetum Brammanicum seu Indostanum universitatis Kasi. Romæ, 1771, 1 vol. in-8 br.

17. Alphabetum persicum cum Oratione Dominicali et salutatione angelica. Romæ, 1783, in-8 br.

18. LA BEAUTÉ DES ROSES DU SECRET, publié en persan et allemand par M. le baron Hammer Purgstall. Pesth, 1838, avec la vue du tombeau du Scheick, etc., 1 vol. in-4 broché et le manuscrit persan en fac-simile.

19. Alphabet mantchou, rédigé d'après le syllabaire et le dictionnaire universel de cette langue, par L. Langlès. Paris, imprimerie royale, 1807, 1 vol. grand in-8 br.

20. Tableau des éléments vocaux de l'écriture chi-

noise, divisé en deux parties, par Levasseur et Kurz. Paris, Ratier, 1829, in-8 br.

21. In-Kiao-li, roman chinois, traduit par M. Abel Rémusat. Texte chinois autographié à Paris, en 1829, in-8 br.

22. L'Histoire du vieux et du nouveau Testament, avec des explications, par le Sr de Royaumont. *Vienne,* 1764, in-8, fig. basane.

23. Manuel biblique, par de Hanneraw. Bruxelles, 1845, in-8 cart.

24. La première et seconde parties de collations royales, côtenât l'expositiô des deux psalmes Davidiques, c'est à sçavoir du 24 et 26 ; en l'ung, le Chevalier errât cherche son bô chemin : en l'autre, le Chevalier hardy, suyt la lumière qui le conduyt. Autheur, F. Pierre Doré. *Paris, par René Apuril, pour Jehan André et Jehâ Ruelle,* 1546, 2 vol. in-16 veau filets.

25. L'Apocalypse, avec une explication, par messire Jaques-Benigne Bossuet, évesque de Meaux. *Paris, Vve Séb. Marbre-Cramoisy,* 1690, in-12 maroq. vert, fil. tr. dor.

26. Summarium quorundam sermonum fratris Olivieri Maillardi. *Parisiis, Jehan Petit,* 1507. — Divini eloquii pconis celeberr. fratris Olivierii Maillardi sermones dominicales. *Parisiis, J. Petit,* 1507, 2 vol. petit in-8 goth. à 2 colonnes, cart. Brunet III, 238.

27. Instruction du chrestien, par monseigneur le cardinal de Richelieu. *Paris, de l'imprimerie royale du Louvre,* 1642, in-fol., vignettes, veau.

28. Les principaux poincts de la foy catholique défendus contre l'escrit adressé au roy par les ministres de Charenton, par le cardinal duc de Richelieu. *Paris, imprimerie royale du Louvre,* 1642, in-fol., vignettes, veau.

29. Histoire des variations des églises protestantes, par J.-B. Bossuet. *Paris, Cramoisy,* 1688, 2 vol. in-4, vignettes, veau.

Édition originale.

30. Défense de l'histoire des variations, par Sr Jacques-Benigne Bossuet. *Paris, Dusseux,* 1727, armes de Bossuet sur le titre, in-12 basane.

31. De l'Imitation de N.-S. Jésus-Christ, par J. Gerson, traduite en français, en grec, en anglais, en allemand, en italien et en portugais (texte latin en regard) ; édition polyglotte publiée sous la direction de M. Monfalcon. Lyon, 1841. 1 vol. grand in-8 cart.

32. DER BESCHLOSSEN gart des rosenkrantz Marie, ou le Chapelet de la Ste Vierge. *Nurnberg Ulr. Pinter ou Pinder,* 1505, 2 vol. en un, in-fol. goth. rel. en bois.

Ouvrage orné de plus de 500 belles gravures. Il est beaucoup plus rare et plus beau que la passion de Jésus-Christ publiée par le même auteur, en 1507 (Brunet III, 749). Un des plus beaux livres allemands illustrés.

33. Hortulus animæ, cum horis divæ virginis juxta ritum ecclesiæ romana. *S. L. J. Crinitius,* 1540, petit in-8 imprimé en rouge et noir, fig. sur bois, rel. en bois.

34. Factum pour Marie-Catherine Cardiere contre le père Girard. — Mémoire instructif pour le père J.-B. Girard. *La Haye,* 1731, 4 parties en 1 vol. in-8 veau.

35. De Vigo en françoys. La practique et cirvrgie de très-excellent docteur en médecine maistre Jehan de Vigo, nouvellement imprimée et recognue sur le latin par Nicolas Godin, etc. 1537, petit in-4 demi-rel. *Bel ex. légèrement mouillé.*

36 Dictionnaire françois-latin, autrement dict les mots françois, avec les manières dvser diceulx, tournez en latin. Avec aucuns mots et manières de parler appartenans à la Venerie. *Paris, Rob. Estienne,* 1549, in-fol. veau antique.

Rare. Un feuillet endommagé.

37. Catulli, Tibulli et Propertii opera. Birminghamiæ, Baskerville, 1772, 1 vol. grand in-4 maroquin rouge, filets, d. s. tr. *Bel ex.*

38. L'Enéide de Virgile, traduite par Delille (avec le texte latin en regard). *Paris, Gignet et Michaud,* 1804, 4 vol. gr. in-4 fig. de Moreau, cart. en toile, non rogné.

39. La farce de maistre Pierre Pathelin, avec son testament, à quatre personnages. Paris, Durand, 1762, 1 vol. in-8 veau, filets, piqué de vers.

40. Les œuvres de Jean Marot. Paris, Coustelier, 1723, 1 vol. in-8 veau, filets.

41. La légende de maistre Pierre Faifeu, mise en vers par Ch. Bourdigné. Paris, Coustelier, 1723, 1 vol. in-8 veau, filets.

42. Œuvres de François Villon. Paris, Coustelier, 1723, 1 vol. in-8 veau, filets.

43. Les Poésies de Guillaume Crétin. Paris, Coustelier, 1723, 1 vol. in-8 veau, filets.

44. Poésies de Guillaume Coquillart, official de l'église de Reims. Paris, Coustelier, 1723, 1 vol. in-8 veau, filets.

45. Le cabinet satyrique, ou recueil parfait des vers piquans et gaillards de ce temps. 1672, sans adresse, tome 2, 1 vol. in-12 relié.

46. Poésies de M. Bérenger. Londres, 1785, 2 vol. in-18 maroquin rouge, filets, d. s. t.

47. Fables de Lafontaine, avec les figures gravées par Simon et de Coiny. Paris, 1796, 4 vol. in-8 *cartonnés, non rognés, exemplaire en papier vélin.*

48. Fables et œuvres diverses de M. l'abbé Aubert. *Paris, Moutard,* 1774, 2 vol. in-8 maroq. rouge, filets, tr. d. (ancienne rel.)

49. Dorat. Ses œuvres. **20** vol. in-8 *brochés non coupés. Les fables, 2 vol., sont en grand papier, grande*

quantité de vignettes par Mariller, et joli portrait par St.-Aubin.

50. L'histoire æthiopique de Héliodorus, contenant dix livres, traitant des loyales et pudiques amours de Théognis Thessalien et de Chariclea, Æthiopienne. *Paris, Groulleau, 1559, petit in-folio vél. tr. dor.*

51. Les illustrations de Gaule et singularitez de Troye, avec plusieurs autres œuvres de luy, non jamais encore imprimées, par Jean le Maire de Belges, publ. par Ant. du Moulin, masconnais. *Lyon, J. de Tournes, 1549, in-folio veau. Manque la couronne margaritique.*

52. Le Galatée, premièrement composé en italié par J. de la Case, et depuis mis en françois, latin, allemand et espagnol. *Montbéliard, 1615, in-16 parchemin.*

53 Contes et nouvelles en vers, par M. de La Fontaine. *Amsterdam, Brunel, 1696, 2 vol. en un, fig. de R. de Hooge, petit in-8 vélin. Mouillé au commencement.*

54. Nouveaux contes à rire et aventures plaisantes de ce temps, ou récréations françoises, enrichies de figures en taille-douce. Amsterdam, Gallet, 1699, petit in-8 cart.

55. Les cent nouvelles nouvelles. Suivent les cent nouvelles, contenant les cent histoires nouveaux qui sont moult plaisans a raconter, avec figures en taille-douce sur les dessins de Romain de Hooge et retouchées par B. Picart le Romain. *Cologne, Pierre Gaillard, 1736, 2 vol. petit in-8 fig., rel.*

56. Contes et nouvelles de Bocace, traduction libre, accomodée au goût de ce temps, et enrichie de figures en taille-douce gravées par Romain de Hooge. *Cologne, J. Gaillard, 1702, 2 vol. petit in 8 cart.*

57. Roger Bontemps en belle humeur, donnant aux tristes et aux affligés le moyen de chasser leurs ennuis, et aux joyeux le secret de vivre toujours contens. *Cologne, P. Marteau*, 1731, 2 part. en un v. in-12 vél. (Titre raccom.)

58. L'héroïne mousquetaire, histoire véritable. *Amsterdam, Jaques le jeune, (Elzevier, à la sphère)*, 1680, petit in-12 *carton. non rog.*

59. Les intrigues amoureuses de la cour de France. *Cologne, Pierre Bernard*, 1685, (à la Sphère), pet. in-12 broch.

60. Éloge de la folie, nouvellement traduit du latin d'Erasme, par M. de la Vaux, avec les figures de Jean Holbein, grav. d'après les dessins originaux. *Basle*, 1780, in-8 br.

61. La vie et les avantures de Robinson Crusoé. *Amsterdam*, 1720, in-8, fig. et carte, v.

62. Œuvres de Salomon Gessner. *Paris, Renouard*, 1799, 4 vol. in-8 pap. vélin, fig. de Moreau, veau jaspé, dent. tr. dorée.

63. Les priviléges du cocuage, ouvrage nécessaire tant aux cornards actuels qu'aux cocus en herbe. *A Vicon, chez Jean Cornichon, à l'enseigne du Coucou, S. D.*, pet. in-12, frontisp., cart.

64. Annæi Senecæ tragœdiæ cum notis Th. Farnabi. Amsterdami, 1645, 1 vol. petit in-12 maroquin rouge, dos et plats fleurdelysés, *jolie reliure bien conservée.*

65. Les œuvres de M. de Molière, nouvelle édition, revue, corrigée et augmentée d'une nouvelle vie de l'auteur, et de la princesse d'Elide, toute en vers, ornée de très-belles figures gravées d'après celles de l'édition de Paris, in-4. (Par Punt.) *Amsterdam*, 1744, 4 vol. pet. in-12 v.

66. Les œuvres de Molière. *Paris, David*, 1768, 8 vol. in-12 v. ant., jolies figures.

67. Œuvres de M. de Molière, revues, corrigées, et augmentées. Paris, Thierry, Barbin et Trabouillet, 1682, 8 vol. in-12 veau, 1re édit. complète. Fig.

68. La vie de Molière. *Amsterdam, Henri Desbordes,* 1705, pet. in-12, portr. cart. non rogn. Quelques feuillets tachés dans la marge.

69. Œuvres complètes de Jean Racine. Nouvelle édition, ornée de figures dessinées par Lebarbier, et gravées sous sa direction. *De l'imprimerie de Didot Jeune, à Paris,* 1796, 4 vol. gr. in-8 mar. rouge, dent. doublé de tabis, tr. dor. (Bradel).
Bel exempl. en grand papier vélin, figures avant la lettre.

70. Les œuvres diverses du sieur Balzac. *Amsterdam, D. Elzevier,* 1664. — Les entretiens de M. de Balzac. *Leide, J. Elsevier,* 1659. — Aristippe, ou de la cour. *Leide, J. Elzevier,* 1658, 3 vol. petit in-12 demi-rel. veau fauve.

71. Lettres de feu M. de Balzac à M. Conrart. Amsterdam, chez les Elzeviers, 1664, 1 vol. petit in-12 vélin.

72. Lettres choisies du sieur de Balzac. *A Amsterdam, chez les Elzeviers,* 1678, pet. in-12, front. bas.

73. L'esprit de Montaigne, ou maximes, pensées, jugemens, etc., de cet auteur. Londres, 1783, 2 vol. in-18 veau, écaille, filets, d. s. t.

74. Pauli Jovii novocomesis episcopi nucerini vitæ illustrium virorum. Basileæ, 1677-78, 2 vol. in-fol. vél.

75. Herodoti Halicarnassei historiographi libri IX, etc.. Lugduni, 1542, in-8 v.

76. Le secret et mystère des Iuifz, faisant le commencement du 1er livre de Suidas, trad. du grec en vulgaire par F. le Feure, natif de Bourges en Berry. Paris, Iaques Kerver, 1557, 1 vol. in-16 *maroquin du Levant, d. s. tr. avec armoiries. Très-bel ex.*

77. Declaratio Valerii Maximi, auct. Dionysius de Burgo (absque nota), in-fol. de 369 feuillets à 36 lignes par page, rel. en bois, ferm. Très-bel exempl. d'un vol rare.

Édition en lettres rondes, avec la lettre R d'une forme singulière. On suppose qu'elle a été imprimée à Strasbourg, par Mentelin, de 1472-1475.

78. Topographia Galliæ, per Mart. Zeilerum. *Francofurti*, 1655, 2 vol. in-fol. fig. de Merian, demi-rel. (incomplet.)

79. Topographia Galliæ per Mart. Zeilerum. *Francofurti*, 1655, 2 vol. in-folio, fig. de Merian, vélin cordé (incomplet).

80. Tassin. (Picardie, Normandie, Bretagne, Paris, Brie, Champagne, Lorraine.) *Paris, de Fer*, 1644, in-4, 208 planches, parch. 5 pl. manquent.

81. Plans et descriptions des principales places de guerre et villes maritimes du royaume. S. L. 1751, volume curieux et peu commun, donnant les plans des villes et leurs blasons, 1 vol. in-4 vélin, compartiments.

82. Plan de Paris (commencé sous les ordres de *Turgot* et achevé en 1739, par Bretez). *Paris*, 1740, 1 vol. gr. in-fol. de 21 planches, maroquin rouge, filets, d. s. tr.

83. Collection complète des mémoires relatifs à l'histoire de France, depuis le règne de Philippe-Auguste, jusqu'au commencement du XVIIme siècle, avec des notices sur chaque auteur et des observations sur chaque ouvrage, par M. Petitot. *Paris*, 1819 et suivantes, 53 vol. in-8 demi-rel. basane.

84. Les cinq premiers livres de l'histoire françoise, traduits en françois du latin de Paul Æmile, par Jan Regnart, angevin. *Paris, Claude Micard*, 1573, in-folio demi-rel.

Au commencement se trouvent des poésies de Jodelle et de Tahureau.

85. Histoire dv roy Henry-le-Grand, composée par

messire Hardovin de Péréfixe. Amsterdam, chez
Daniel Elzevier, 1678, 1 vol. petit in-12 vélin.
Bel ex.

86. Notice sur Jeanne d'Arc, par Michaud et Pou-
joulat. Paris, 1837, in-8 br. — Chronique de la
Pucelle, par Vallet de Viriville. Paris, 1859, in-12
br. — Lit de justice de Louis XIV.

87. GESTA DEI PER FRANCOS sive orientalium expedi-
tionum et regni Francorum hyerosolymitani
scriptores varii ed Jac. Bongarsius. *Hanoviæ*,
1611, 2 vol. en 1 in-fol. peau de truie.

Exemplaire en papier supérieur, mais ayant des taches de rousseur.

88. Le même ouvrage, exemplaire en papier or-
dinaire. 1611, 2 vol. in-folio demi-rel. *Avec taches
de rousseur, titre raccommodé.*

89. Histoire de Barbarie et de ses corsaires, par
Pierre Dau. Paris, Rocolet, 1649, 1 vol. in-folio
veau antique, doré sur tranche. *Bel ex.*

90. La vie du fameux père Norbert, ex-capucin,
connu aujourd'hui sous le nom de l'abbé Platel,
par l'auteur du colporteur. *Londres*, 1763, petit
in-8 vélin.

91. Artis typographicæ qurimonia de illiteratis qui-
busdam typographis, autore Henrico Stephano.
Epitaphia græca et latina doctorum quorundam
typographorum, ab eodem scripta. S. L. (Genevæ),
Henricus Stephanus, 1569, petit in-4 veau à
compartiments.

92. Dictionnaires des hiéroglyphes, par Camille
Duteil. Bordeaux, 1839, petit in-fol. tome 1er, le
seul paru.

93. Œuvres de Winkelman, tome 1er. — Gorlæi
Dactyliotheca, etc., in-4 veau. — Muller archæo-
logie, in-8 demi-veau. — Église de Cambrai. Ensemble 5 vol. in-4 et in-8.

94. Vermiglioli, de monumenti di Perugia etrusca è

romana. Perugia, 1855, 3 part. in-4 broché. — Groupes hiéroglyphiques, par Thilorier. — Monuments égyptiens, par Millin, etc. 9 br. in-4.

95. Brochures sur les antiquités, par Levezow, Ritter, A. Maury, L. Renier, Marcel, Petit-Radel, etc. 15 pièces.

96. Historia del testamento vecchio dipinta in Roma nel Vaticano da Raffaelle di Urbino et intagliata in rame da S. Badalocchi et G. Lanfranchi. In Roma, 1607, in-4 oblong, 54 pl., basane.

97. Almanach des Saints pour toute l'année, gravé d'après Sébastien Le Clerc, par Jan Goerée. Amsterdam, 1730, 12 part. en 1 vol. in-folio cart. *1 fig. pour chaque jour de l'année.*

98. Imagines mortis his accesserunt epigrammata, e Gallico idiomate à Georgio Æmylio in latinum translata. Coloniæ, 1555, petit in-8 avec 53 fig. sur bois.

99. Tableaux du temple des muses, tirez du cabinet de M. Favereau, avec les descriptions, remarques et annotations, composées par M. Michel de Marolles. *Paris, N. Langlois,* 1655, in-fol., front. et fig., veau.

100. Rosario di Don Crisostomo Talenti, monaco di Vallombrosa. *Bergamo, C. Ventura,* 1600, petit in-4, *fig. et bordures à chaque page, vélin.*

101. Catalogus annorum et principum sive monacharum mundi geminus plerisque in locis obscurioribus illustratus per D. Val. Ans. Ryd. *Ex urbe Berno,* 1550, in-fol., *nombreuses grav. en bois, vélin.*

102. Recueil composé de 108 costumes de Bonnard ; on y trouve une suite de costumes de ballet, par Berin, Dolivar, Lepautre, etc.

6 planches ont été coloriées : il y a des piqûres de vers dans la marge inférieure, et deux ou trois déchirures. *Rare.*

103. XII priorum Cæsarum et LXIIII ipsorum uxo-

rum imagines, per L. Hulsium. *Francofurti*, 1597, fig. de de Bry entourées de belles bordures, petit in-4 parchemin.

104. Emblemata sacra, auct. Joa. Sauberto. 4 part. gravés par P. Isselburger, 1625. *Nurnberg*, 1625, petit in-fol. vélin doré. (La dernière planche de la IVme partie tachée).

105. Emblematum ethico-politicorum centuria J.-G. Zincgrefii, cœlo Math. Meriani. *Prostat, apud Joh. Theod. de Bry*, 1619, in-4, fig., vélin.

106. Alphabet tiré des manuscrits de la bibliothèque royale, 25 fig. Paris, 1836, in-8.

107. Recueil de fragments de sculpture antique en terre cuite, par Séroux d'Agincourt. Paris, 1814, in-4 br. avec 38 pl.

108. Museum odescalchum incisæ da P. S. Bartoli. Romæ, 1751-52, 2 vol. in-fol. v. f. avec 102 pl.

109. L'Italia avanti il dominio dei Romani da G. Micali. Firenze, 1810, 4 vol. in-8 avec atlas, in-fol. de 60 pl. br.

110. Monumenta Matthaeiana da Venuti. Romæ, 1776-79, 3 vol. in-fol. d. rel. v.
Manque la pl. 50 au premier vol.

111. Portraits de personnages célèbres de l'époque de Louis XIII et Louis XIV, par de Larmessin, Moncornet, Daret etc., 300 pièces en 1 vol. in-4 veau.
La plupart sont coloriés.

112. La Grèce tragique; essai de compositions au trait gravées à l'eau-forte, par Etex. Paris, 1847, in-4 obl. br. avec 40 pl.

113. Recueil de 187 estampes gravées à l'eau-forte par les plus habiles peintres du temps, d'après les dessins des grands maîtres que possédait autrefois M. Jabach et qui depuis ont passé au cabinet du Roi. Paris, Joullain, 1754, 2 vol. in-fol. obl.
Quelques planches plus courtes de marge.

114. Les principales aventures de l'admirable Don
Quichotte, représentées en figures par Coypel,
Picart le Romain et autres maîtres, avec les explications des XXXI Planches, etc. Liège, 1776, 1 vol.
grand in-4 broché.   .

115. Thurnirbuch das ist Barhaffte. (Livre de
Tournois.) *Franckfurt*, 1578. — Thurnierbuch
Barhaffte eigent. Beschreibung, Kurzweil und
Ritterspiel so Maximilian zu Rosz und Fursz auff
Wasser undt Landt. *Gedrukt zu Franckfurt*, 1579,
2 vol. en un, fig. et blasons grav. en bois. Avec
2 grandes planches pliées.

116. Thewerdanck. Des Edlen, Streitbaren Helden
und Ritters, Ehr und mannliche Thaten Geschich-
ten, vnd Gefehrlichheiten. *Franckfurt*, 1563. in-fol.
p. de tr. ferm.
Roman de chevalerie, orné de nombreuses gravures en bois.

117. La joyeuse et magnifique entrée de Monseigneur
Françoys fils de France, frère unique du roy, duc
de Brabant, d'Anjou, Alençon, Berry, etc., en sa
très-renommée ville d'Anvers. *Anvers, Plantin*,
in-folio, fig. vél. doré.

118. Di alcune opere scolpte da sua altezza reale il
conte di Siracusa. *Napoli*, 1859, in-folio rel.
Recueil photographié contenant 17 planches ; tiré à très-petit nombre et des-
tiné pour cadeaux.

119. Conterfet Kupfertisch der grossen Herren.
Portraits de tous les princes et seigneurs régnants,
célèbres ministres, grands capitaines qui ont vécu
pendant le règne de Ferdinand II, Empereur d'Au-
triche. *Leipzig*, 1719-1722, 2 vol. en un, in-folio
demi-rel.
208 et 183 portraits, français, allemands, anglais, polonais, russes, etc.,
entourés de bordures (Le n₀ 154 de la seconde partie manque).

120. Vues de Paris. N. Poilly excud. Perelle sculps.
Vues de St Cloud, Meudon, Versailles, Fontaine-
bleau, etc., 123 planches, in-fol. obl. v.

121. Recueil de vues de Chasteaux et jardins des

environs de Paris, par Aveline. 47 planches petit in-folio cartonné.

122. RECUEIL DE VUES DE CHASTEAUX et jardins des environs de Paris, par Pérelle. 41 planches petit in-fol. demi-rel.

123. L'art de calciner la pierre calcaire, par Hassenfratz. Paris, 1825, in-4 d. v. avec 11 pl. — Lois des bâtimens, par Lepage. Paris, 1808, in4 bas.

124. La musique mise à la portée de tout le monde, par Fétis. Paris, 1830, in-8 br.

125. Etudes sur les beaux-arts en général, par M. Guizot. Paris, 1852, in-8 cart.

126. Dictionnaire des arts du dessin, la sculpture, la peinture, la gravure et l'architecture, par Boutard. Paris, 1826, in-8 br.

127. Essai sur l'origine de la gravure en bois et en taille-douce, et sur la connaissance des estampes des XVe et XVe siècles, par Jansen. Paris, 1808, 2 vol. in-8 demi-bas., avec 19 pl.

128. Histoire de l'art chez les anciens, trad. de l'allemand de Winkelmann, avec des notes historiques et critiques. (par Huber, et revue par Jansen). Paris, 1802, 3 vol, in-4 cart. non rognés, fig.

129. Dictionnaire des arts de peinture, sculpture et gravure, par Watelet. Paris, 1792, 5 volume in-8 demi-bas.

130. Voyage de la Flandre et du Brabant, par Deschamps. Amsterdam, 1772, in-12 bas. — Catalogue Basan, avec les prix. — Vie de P. Mignard, par de Monville, etc., ensemble 4 vol. in-8.

131. Le livre des peintres et graveurs, par Michel de Marolles, nouvelle édition. Paris, Jannet, 1855, in-12 br.

132. Catalogue raisonné des tableaux du roy, avec un abrégé de la vie des peintres, par M. Lepicié. Paris, imprimerie royale, 1752, 2 vol. in-4 *cartonnés, non rognés*.

133. Li cinque libri di architettura di G. B. Montani et Soria. In Roma, de Rossi, 1691, in-folio, 165 planches.

Ce sont les livres 2 à 5, le premier manque.

134. Architettura universale di Vicenzo Scamozzi, architetto veneto. Venezia, 1694, in-fol. fig. bas.

Quelques mouillures.

135. Traicté des cinq ordres d'architecture, par Palladio et Le Muet. — Traicté des galleries, entrées, salles, antichambres et chambres, par Le Muet. *Paris, P. Mariette*, 1647, 2 vol. en un, petit in-4, fig. de Marot, demi-rel.

136. Ordres des colonnes, par Delafosse et grav. à l'imitation du lavis, par J.-B. Lucien. *Paris, Chereau, S. D.* 20 pl. gr. in-fol. rel.

137. Il settimo libro d'architectura di Sebastiano Serglio, nel quale si tratta di molti accidenti, che possone occorrer, in diversi luoghi, ed istrane forme de siti, e nelle restauramenti, etc. *Francofurti*, 1575, in-fol. parch. (mouillé.)

Edition originale du VIIme livre de Serlio, devenue rare.

138. L'ARCHITECTURE FRANÇOISE, ou recueil des plans, élévations, coupes et profils des églises, palais, hôtels et maisons de Paris et des chasteaux et maisons de campagne ou de plaisance des environs, et de plusieurs autres endroits de France, bàtis nouvellement par les plus habiles architectes. *Paris, I. Mariette*, 1727, 2 vol. grand in-fol. veau marbré. *Bel exemplaire.*

139. Daviler. Cours d'architecture, qui comprend les ordres de Vignole, enrichi de nouvelles planches, etc. Paris, Mariette, 1738, 1 vol. grand in-4 relié en veau. Quantité de pl. d'ornement, etc.

139 *bis.* Œuvre de la diversité des termes dont on use en architecture, réduict en ordre : par maistre Hugues Sambin, demeurant à Dijon. *A Lyon, Jean Durant*, 1572, petit in-fol. parchemin.

Caryatides et ornements gravés dans le genre du Petit Bernard.

140 LIVRE D'ARCHITECTURE, contenant plusieurs beaux ornementz, colonnes, frises, cornices, thermes, balustres et autres pièces appartenant au dict art. Curieusement recherché et pourtraict sur les plus rares antiques, tant de Rome que de Cologne et autres lieux où l'architecture a le plus flory, par Roger Kaseman. Paris, J. Messager, 1622, pet. in-fol. vélin.

Ouvrage dans le genre de Dietterlin , composé d'un frontispice; deux feuilles de texte, imprimés en caractères mobiles et 24 planches gravées en pointe fine. L'édition allemande incomplète de deux feuillets, a été vendue 102 francs à la vente Stengel, N° 634 du catalogue.

141. Leçons de perspective positive, par Jaques Androuet du Cerceau, architecte. *Paris, Mamert Patisson*, 1577, in-fol. parchemin.

142. Modèles de menuiserie, par Bury. — Modèles de serrurerie, par le même, 2 parties en 1 vol. in-fol. cart.; ensemble 111 pl.

143. L'art de charpenterie de Mathurin Jousse. Paris, 1751, in-fol. fig. bas.

144. De obelisco Cæsaris Augusti commentarius, auctore A. M. Bandinio. Romæ, 1750, in-fol. fig. bas.

145. Description historique de l'hôtel royal des Invalides, par l'abbé Pérau. Paris, 1756, in-fol. demi-bas. avec 108 pl.

146. Recueil varié des plans et de façades, motifs pour des maisons de ville et de campagne, par C. Normand, Paris, 1815, in-fol. cart. avec 62 pl.

147. Recueil de décorations intérieures, comprenant tout ce qui a rapport à l'ameublement, par Percier. Paris, 1812, in-fol. d.-rel., avec 72 pl.

148. Un vol. rel. en vélin contenant 126 planches, pendules, cadres, grilles, ornemens, etc., par Eichel. Thelott, Aveline, Haberman, Amiconi, Nilson et autres.

149. Œuvres de François Cuvilliés, père et fils,

plans, jardins, ornemens, etc. *Munich, S. D.* 237 planches, 2 vol. gr. in-folio. cart.

Rare.

150. ARCHITECTURA MODERNA, ofte bouwinge van onsen tyt. Tombeaux, façades, ornemens, etc., par H. de Keyser et Corn. Danckerts. *Amsterdam*, 1631, in-fol. 44 planches vél.

Beau volume devenu rare.

151. Ornements et arabesques de Paul Decker (graveur de l'architecture royale), plusieurs suites complètes, non rog., 61 planches petit in-folio.

Genre Berain, très-rare.

152. Pouget. Traité des pierres précieuses et de la manière de les employer en parure, par Pouget fils. Paris, l'auteur, 1762, 1 vol. in-4 veau, 70 pl.

153. DER STADT NURNBERG Wapen. *S. L.* (*vers* 1560), petit in-4, blasons grav. en bois, veau ant. (anc. reliure).

Grand nombre de *planches de bijouterie* et autres, par Gille L'Egaré, collées dans le volume.

154. ABC BUECHLEIN DES HERR LUCAS KILIAN dess Raths inventirt von Regina Hertlerin, eines Schreiners tochter gestochen. *Augsburg.* 1632, in-folio cart. non rogné.

Grand alphabet gravé sur cuivre, hauteur des lettres 15 cent., largeur 12 cent. Il est très-riche et composé d'arabesques d'enfants qui exécutent différents arts et métiers, etc.

155. OBJETS D'ORFÉVRERIE, ORNEMENTS, GOBELETS, CALICES, 15 grandes pl. gravées par Georg Wechter, artiste-orfèvre de Nuremberg, de 1570-1580, plus une autre, in-fol. vél.

Très-belle suite rarissime. Plusieurs planches tachées.

156. ORFÉVRERIE. 32 planches gravées par Flint, orfèvre de Nuremberg, vers 1570, in-fol. vél.

Ces planches très-rares, gravées dans le genre de du Cerceau, représentent des calices, gobelets, cannettes et d'autres vaisselles d'argent. (Quelques unes tachées.

157. RECUEIL composé de 85 planches de serrurerie,

grilles, balcons, rampes, entrées de serrures, clés.
potences, etc., dessinés et gravés par Lepautre.
Pierretz, Walck, de Poilly, Leblond, Reiff. 1 vol.
in-fol. basane.

Recueil rare et précieux. Les clefs gravées par Falck, qui se trouvent dans
ce recueil, sont fort rares.

158. INSTRUCTION du roy, en l'exercice du cheval,
par Antoine Pluvinel, publiée par R. de Menou.
Amsterdam, 1666, in-fol., figures, v.

159. BLONDEL. De la distribution des maisons de
plaisance, et de la décoration des édifices. *Paris*,
1737, 2 vol. grand in-4 veau.

160. ARCHITECTURA CIVILIS, ou l'architecte princier.
par Paulus Decker. *Augspurg*, 1711-1713, 3
parties en 1 vol. in-fol. oblong. Dans le même
volume : Sturm architectura Goldmanniana, etc.
*Beau recueil, riche décoration de l'époque de
Louis XIV.*

SOUS PRESSE

POUR PARAITRE EN FÉVRIER :

Le 10, **39**me catalogue, LIVRES RARES ET CURIEUX,
en vente à prix marqué.

Le 15, **40**me catalogue, LIVRES DE THÉOLOGIE, en vente
à prix marqué.

Le 20, **41**me catalogue, LIVRES ESPAGNOLS, en vente à
prix marqué.

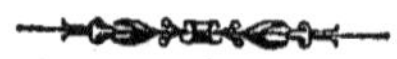

Lille, Imp. de Horemans.

9 782329 524436